세는말 2

동음이의어 세기

뭉쳐 세기

용기 단위 세기

차례

동음이의어 세기

대 ⋯ 6	짝 ⋯ 28
벌 ⋯ 15	채 ⋯ 31
자루 ⋯ 20	통 ⋯ 35
점 ⋯ 23	판 ⋯ 40
줄기 ⋯ 26	필 ⋯ 43

뭉쳐 세기

덩어리 ··· 48

덩이 ··· 50

모금 ··· 52

무더기 ··· 54

뭉치 ··· 58

바리 ··· 60

바퀴 ··· 62

방울 ··· 64

보따리 ··· 66

사리 ··· 67

움큼 ··· 69

자밤 ··· 71

주먹 ··· 73

첩 ··· 75

타래 ··· 77

용기 단위 세기

가마니 ··· 80

공기 ··· 82

그릇 ··· 84

대접 ··· 86

병 ··· 88

봉지 ··· 90

사발 ··· 92

삽 ··· 95

상자 ··· 97

잔 ··· 100

접시 ··· 102

종지 ··· 104

컵 ··· 106

포대 ··· 108

세는 말은 다양한 사물의 정확한 단위 사용으로
문해력을 키우는데 도움이 됩니다.

아주 쉬운 단위놀이 한마당 4

동음이의어 세기

대	짝
벌	채
자루	통
점	판
줄기	필

대

1. 화살 따위와 같이 가늘고 긴 물건을 세는 단위
2. 담배를 피우는 횟수를 세는 단위
3. 치아나 갈비를 세는 단위
4. 때리는 횟수를 세는 단위

화살

화살 세 대

대

1. 화살 따위와 같이 가늘고 긴 물건을 세는 단위
2. **담배를 피우는 횟수를 세는 단위**
3. 치아나 갈비를 세는 단위
4. 때리는 횟수를 세는 단위

담배

담배 두 대

대

1. 화살 따위와 같이 가늘고 긴 물건을 세는 단위
2. 담배를 피우는 횟수를 세는 단위
3. **치아나 갈비를 세는 단위**
4. 때리는 횟수를 세는 단위

갈비

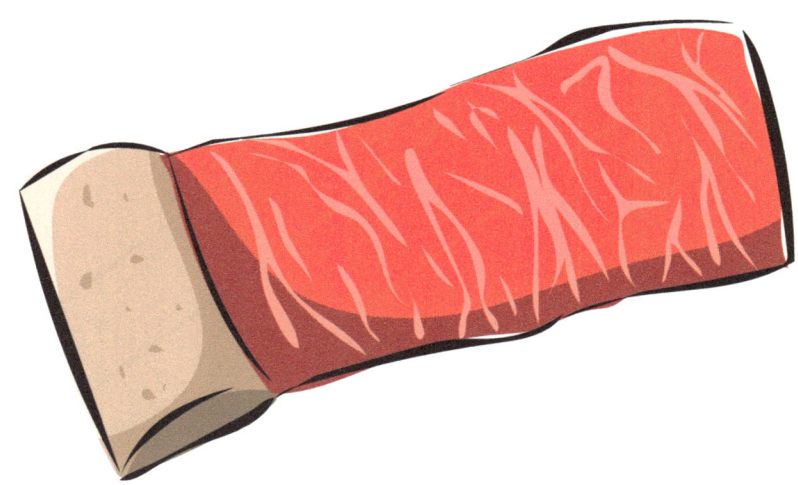

갈비 한 대

대

1. 화살 따위와 같이 가늘고 긴 물건을 세는 단위
2. 담배를 피우는 횟수를 세는 단위
3. 치아나 갈비를 세는 단위
4. 때리는 횟수를 세는 단위

회초리

회초리 한 대

대

5. 주사를 놓는 횟수를 세는 단위
6. 자동차 등의 교통수단을 세는 단위
7. 피아노 등의 악기를 세는 단위
8. 가전제품 등의 개수를 세는 단위

주사

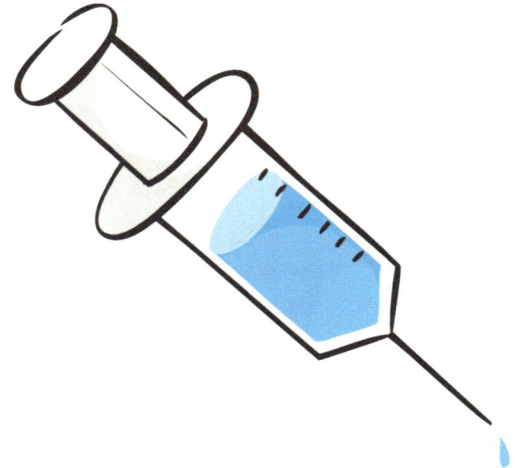

주사 한 대

대

5. 주사를 놓는 횟수를 세는 단위
6. 자동차 등의 교통수단을 세는 단위
7. 피아노 등의 악기를 세는 단위
8. 가전제품 등의 개수를 세는 단위

트럭

트럭 한 대

대

5. 주사를 놓는 횟수를 세는 단위
6. 자동차 등의 교통수단을 세는 단위
7. 피아노 등의 악기를 세는 단위
8. 가전제품 등의 개수를 세는 단위

자전거

자전거 두 대

대

5. 주사를 놓는 횟수를 세는 단위
6. 자동차 등의 교통수단을 세는 단위
7. **피아노 등의 악기를 세는 단위**
8. 가전제품 등의 개수를 세는 단위

피아노

피아노 한 대

대

5. 주사를 놓는 횟수를 세는 단위
6. 자동차 등의 교통수단을 세는 단위
7. 피아노 등의 악기를 세는 단위
8. 가전제품 등의 개수를 세는 단위

선풍기

선풍기 한 대

벌

1. 옷을 세는 단위
2. 옷이나 그릇 따위가 두 개 또는 여러 개 모여 갖추는 덩어리를 세는 단위

드레스

드레스 두 벌

벌

1. 옷을 세는 단위

2. 옷이나 그릇 따위가 두 개 또는 여러 개 모여 갖추는 덩어리를 세는 단위

티셔츠

티셔츠 한 벌

벌

1. 옷을 세는 단위

2. 옷이나 그릇 따위가 두 개 또는 여러 개 모여 갖추는 덩어리를 세는 단위

치마저고리

치마저고리 한 벌

벌

1. 옷을 세는 단위

2. 옷이나 그릇 따위가 두 개 또는 여러 개 모여 갖추는 덩어리를 세는 단위

수저

수저 세벌

벌

1. 옷을 세는 단위

2. 옷이나 그릇 따위가 두 개 또는 여러 개 모여 갖추는 덩어리를 세는 단위

그릇

그릇 한 벌

자루

1. 기름하게 생긴 필기도구나 연장, 무기 따위를 세는 단위

2. 물건을 자루에 담아그 분량을 세는 단위

연필

연필 두 자루

자루

1. 기름하게 생긴 필기도구나 연장, 무기 따위를 세는 단위
2. 물건을 자루에 담아그 분량을 세는 단위

낫

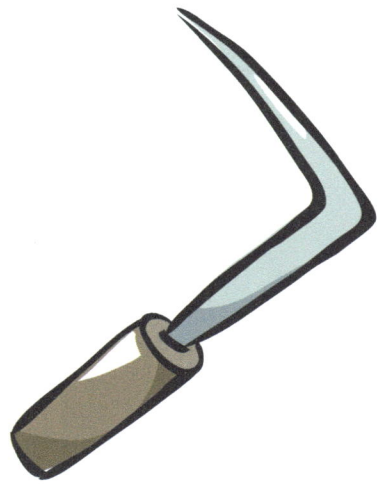

낫 한 자루

자루

1. 기름하게 생긴 필기도구나 연장, 무기 따위를 세는 단위

2. 물건을 자루에 담아 그 분량을 세는 단위

도토리

도토리 한 자루

점

1. 그림을 세는 단위
2. 옷 따위를 세는 단위
3. 잘라 내거나 뜯어낸 고기살점을 세는 단위

그림

그림 한 점

점

1. 그림을 세는 단위
2. 옷 따위를 세는 단위
3. 잘라 내거나 뜯어낸 고기살점을 세는 단위

옷

옷 세점

점

1. 그림을 세는 단위
2. 옷 따위를 세는 단위
3. 잘라 내거나 뜯어낸 고기살점을 세는 단위

고기

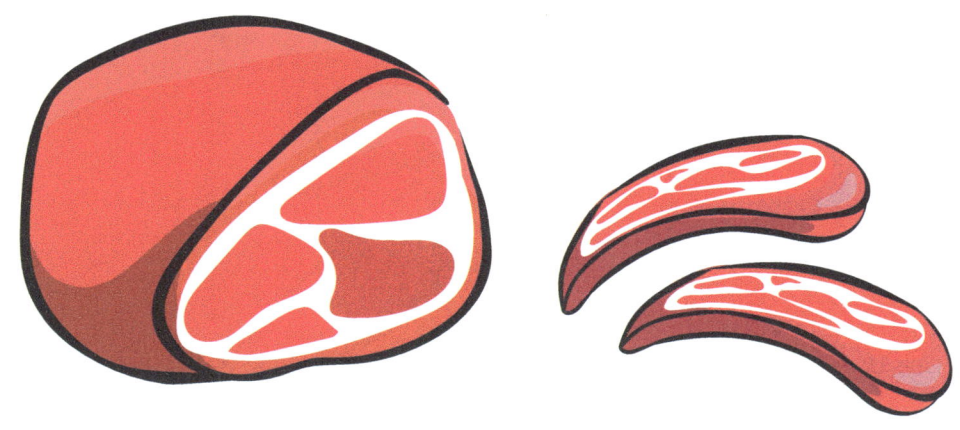

고기 두 점

줄기

1. 잇대어 뻗어 나가는 산, 강, 물 따위의 갈래를 세는 단위
2. 불, 빛, 연기 따위가 길게 뻗어 나가는 것을 세는 단위

강물

두 줄기 강물

줄기

1. 잇대어 뻗어 나가는 산, 강, 물 따위의 갈래를 세는 단위

2. 불, 빛, 연기 따위가 길게 뻗어 나가는 것을 세는 단위

빛

세 줄기 빛

짝

1. 둘이 서로 어울려 한 벌이나 한 쌍을 이루는 것의 각각을 세는 단위
2. 상자, 짐짝 따위를 세는 단위
3. 소나 돼지 따위의 한쪽 갈비 여러 대를 묶어 세는 단위

신발

신발 세 짝

짝

1. 둘이 서로 어울려 한 벌이나 한 쌍을 이루는 것의 각각을 세는 단위

2. **상자, 짐짝 따위를 세는 단위**

3. 소나 돼지 따위의 한쪽 갈비 여러 대를 묶어 세는 단위

과일

과일 한 짝

짝

1. 둘이 서로 어울려 한 벌이나 한 쌍을 이루는 것의 각각을 세는 단위

2. 상자, 짐짝 따위를 세는 단위

3. 소나 돼지 따위의 한쪽 갈비 여러 대를 묶어 세는 단위

갈비

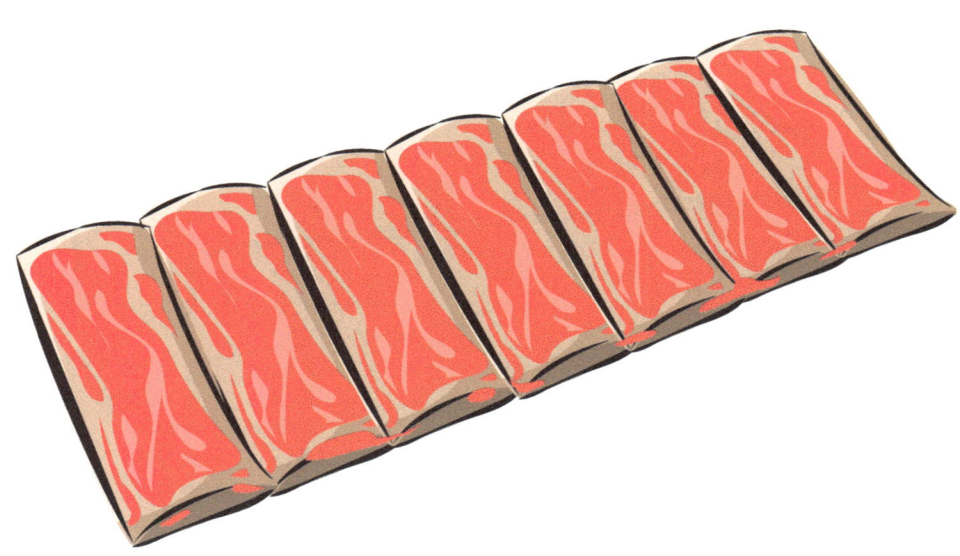

갈비 한 짝

채

1. 집을 세는 단위
2. 이불을 세는 단위
3. 큰 기구, 기물, 가구 따위를 세는 단위

집

집 세 채

채

1. 집을 세는 단위
2. 이불을 세는 단위
3. 큰 기구, 기물, 가구 따위를 세는 단위

이불

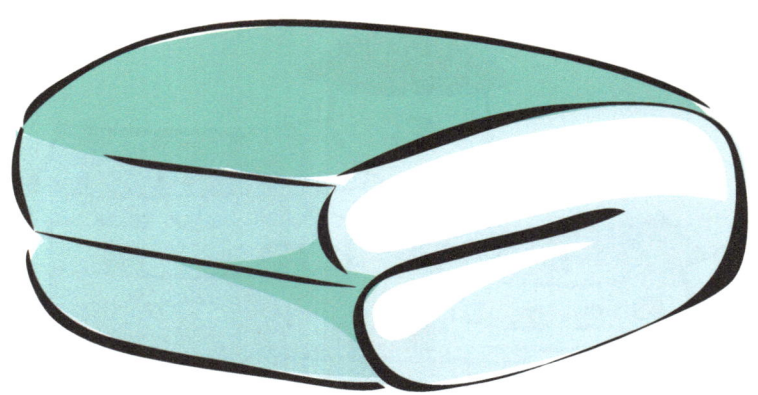

이불 한 채

채

1. 집을 세는 단위
2. 이불을 세는 단위
3. 큰 기구, 기물, 가구 따위를 세는 단위

마차

마차 한 채

채

1. 집을 세는 단위
2. 이불을 세는 단위
3. 큰 기구, 기물, 가구 따위를 세는 단위

장롱

장롱 두 채

통

1. 물건을 통에 담아 그 분량을 세는 단위
2. 편지나 서류, 전화 따위를 세는 단위
3. 배추나 박 따위를 세는 단위

사탕

사탕 한 통

통

1. 물건을 통에 담아 그 분량을 세는 단위
2. 편지나 서류, 전화 따위를 세는 단위
3. 배추나 박 따위를 세는 단위

샴푸

샴푸 두 통

통

1. 물건을 통에 담아 그 분량을 세는 단위
2. 편지나 서류, 전화 따위를 세는 단위
3. 배추나 박 따위를 세는 단위

편지

편지 한 통

통

1. 물건을 통에 담아 그 분량을 세는 단위
2. 편지나 서류, 전화 따위를 세는 단위
3. 배추나 박 따위를 세는 단위

전화

전화 한 통

통

1. 물건을 통에 담아 그 분량을 세는 단위
2. 편지나 서류, 전화 따위를 세는 단위
3. 배추나 박 따위를 세는 단위

수박

수박 두 통

판

1. 승부를 겨루는 일을 세는 단위
2. 달걀을 묶어 세는 단위
3. 조각을 내어 먹는 음식을 자르기 전의 큰 덩어리로 묶어 세는 단위

팔씨름

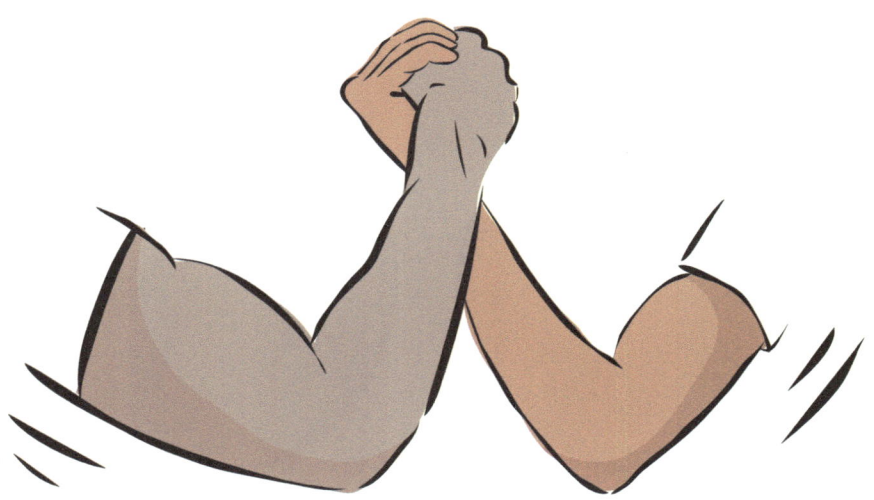

팔씨름 한 판

판

1. 승부를 겨루는 일을 세는 단위
2. 달걀을 묶어 세는 단위
3. 조각을 내어 먹는 음식을 자르기 전의 큰 덩어리로 묶어 세는 단위

계란

계란 한 판

계란 한 판은 30개입니다.

판

1. 승부를 겨루는 일을 세는 단위
2. 달걀을 묶어 세는 단위
3. 조각을 내어 먹는 음식을 자르기 전의 큰 덩어리로 묶어 세는 단위

피자

피자 한 판

필

1. 말이나 소를 세는 단위
2. 일정한 길이로 말아 놓은 피륙을 세는 단위

소

소 한 필

필

1. 말이나 소를 세는 단위
2. 일정한 길이로 말아 놓은 피륙을 세는 단위

말

말 두 필

필

1. 말이나 소를 세는 단위
2. 일정한 길이로 말아 놓은 피륙을 세는 단위

비단

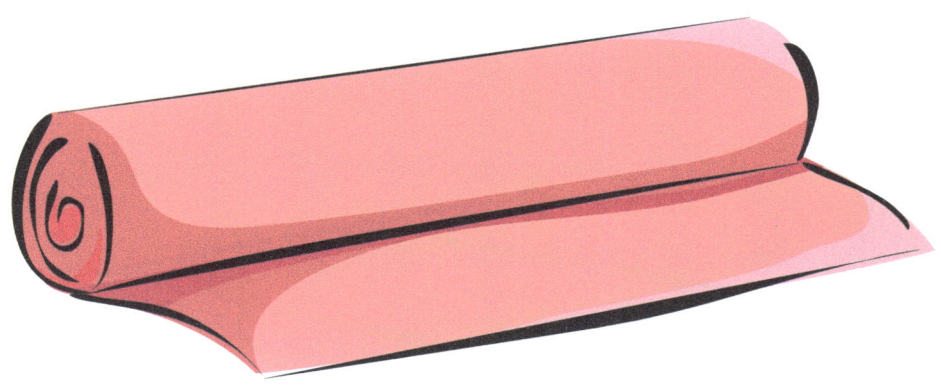

비단 한 필

필

1. 말이나 소를 세는 단위
2. 일정한 길이로 말아 놓은 피륙을 세는 단위

모시

모시 세 필

뭉쳐 세기

덩어리	바리	움큼
덩이	바퀴	자밤
모금	방울	주먹
무더기	보따리	첩
뭉치	사리	타래

덩어리

부피가 큰 것이나 크게 뭉쳐서 이루어진 것을 세는 단위

고기

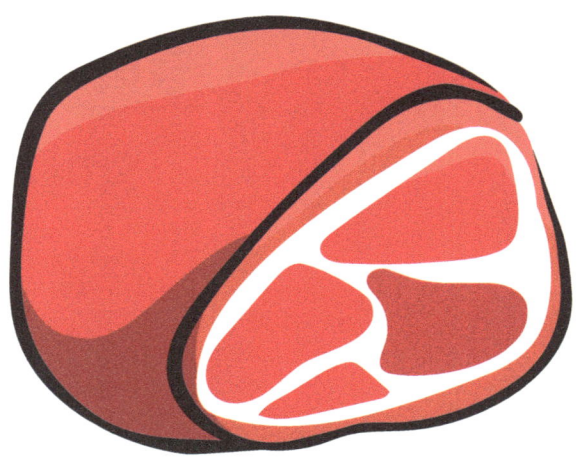

고기 한 덩어리

덩어리

부피가 큰 것이나 크게 뭉쳐서
이루어진 것을 세는 단위

바위

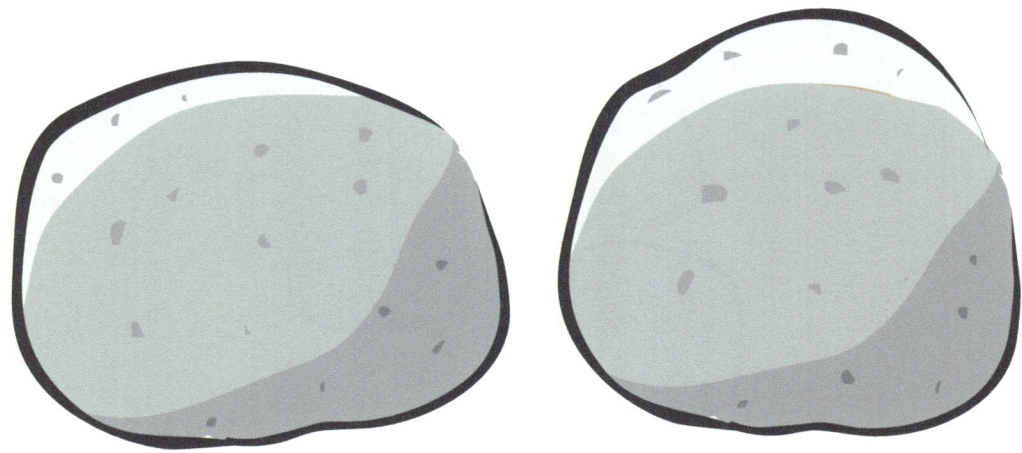

바위 두 덩어리

덩이

작게 뭉쳐서 이루어진 것을
세는 단위

돌

돌 네 덩이

덩이

작게 뭉쳐서 이루어진 것을
세는 단위

눈

눈 세 덩이

모금

액체나 기체를 입 안에 한 번 머금는 분량을 세는 단위

공기

공기 한 모금

모금

액체나 기체를 입 안에 한 번
머금는 분량을 세는 단위

물

물 한 모금

무더기

한데 수북이 쌓였거나 뭉쳐 있는 더미나 무리를 세는 단위

돌

돌 두 무더기

무더기

한데 수북이 쌓였거나 뭉쳐 있는
더미나 무리를 세는 단위

흙

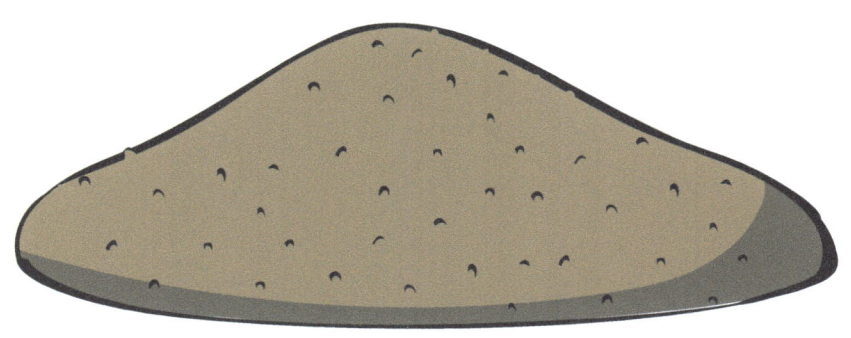

흙 한 무더기

무더기

한데 수북이 쌓였거나 뭉쳐 있는
더미나 무리를 세는 단위

구름

구름 두 무더기

무더기

한데 수북이 쌓였거나 뭉쳐 있는 더미나 무리를 세는 단위

아이들

아이들 한 무더기

뭉치

한데 뭉치거나 말거나 감은
덩이를 세는 단위

솜

솜 세 뭉치

뭉치

한데 뭉치거나 말거나 감은 덩이를 세는 단위

종이

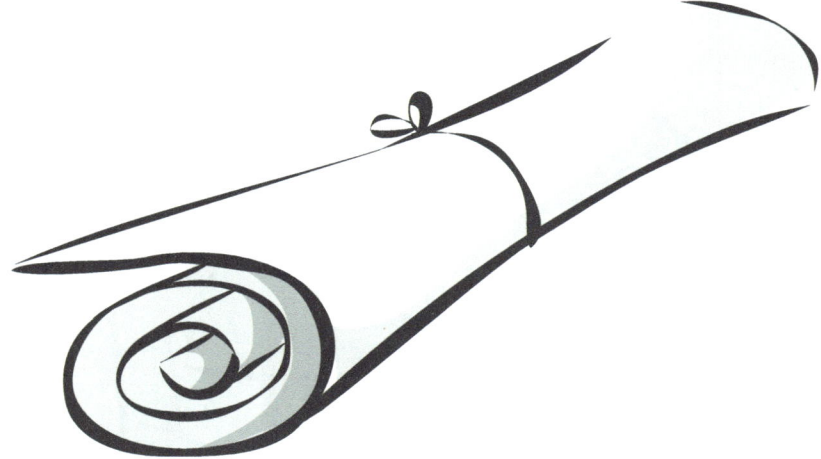

종이 한 뭉치

바리

마소의 등에 잔뜩 실은
짐을 세는 단위

장작

장작 한 바리

바리

마소의 등에 잔뜩 실은
짐을 세는 단위

짐

짐 두 바리

바퀴

어떤 둘레를 빙 돌아서 제자리까지 돌아오는 횟수를 세는 단위

연못

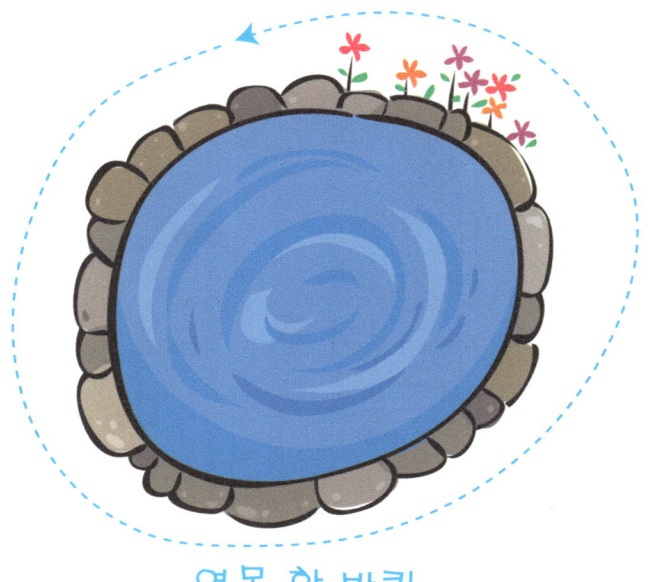

연못 한 바퀴

바퀴

어떤 둘레를 빙 돌아서 제자리까지 돌아오는 횟수를 세는 단위

눈사람

눈사람 두 바퀴

방울

작고 둥근 액체 덩어리를 세는 단위

식초

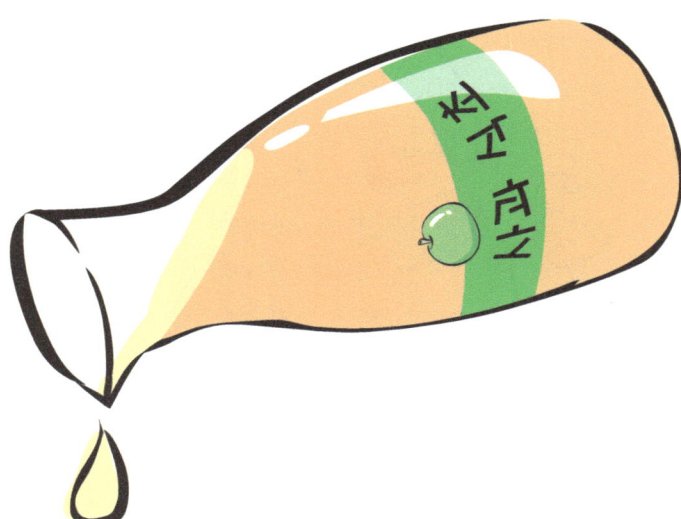

식초 한 방울

방울

작고 둥근 액체 덩어리를 세는 단위

눈물

눈물 세 방울

보따리

보자기에 꾸린 뭉치를 세는 단위

책

책 두 보따리

사리

국수, 새끼, 실 따위의
뭉치를 세는 단위

냉면

냉면 한 사리

사리

국수, 새끼, 실 따위의 뭉치를 세는 단위

새끼줄

새끼 두 사리

움큼

손으로 한 줌 움켜쥘 만한
분량을 세는 단위

풀

풀 한 움큼

움큼

손으로 한 줌 움켜쥘 만한
분량을 세는 단위

모래

모래 한 움큼

자밤

나물이나 양념 따위를 손가락을 모아서 그 끝으로 집을 만한 분량을 세는 단위

소금

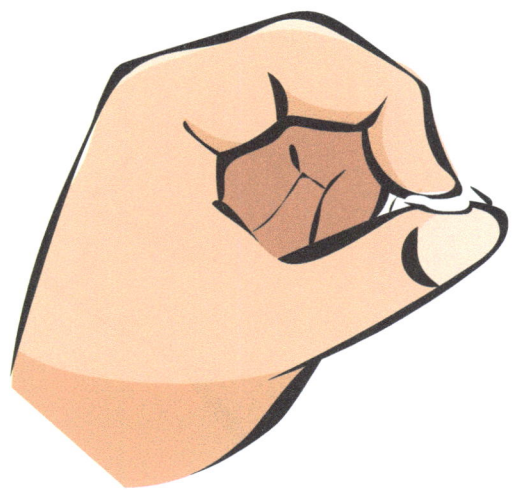

소금 한 자밤

자밤

나물이나 양념 따위를 손가락을 모아서 그 끝으로 집을 만한 분량을 세는 단위

시금치

시금치 한 자밤

주먹

한 손에 쥘 만한 분량을 세는 단위

모래

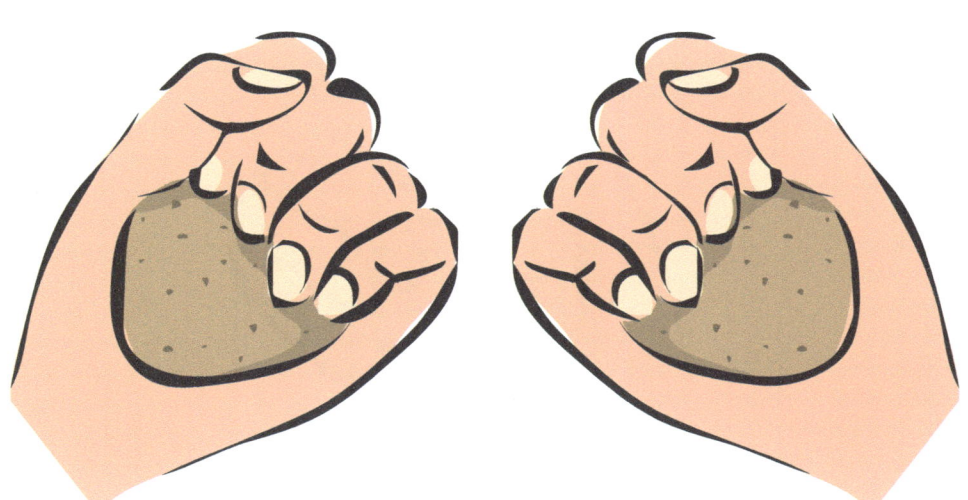

모래 두 주먹

주먹

한 손에 쥘 만한 분량을 세는 단위

소금

소금 한 주먹

첩

약봉지에 싼 약의 뭉치를 세는 단위

한약

한약 세 첩

첩

약봉지에 싼 약의 뭉치를 세는 단위

보약

보약 한 첩

타래

사리어 뭉쳐 놓은 실이나 노끈 따위의 뭉치를 세는 단위

털실

털실 두 타래

타래

사리어 뭉쳐 놓은 실이나 노끈 따위의 뭉치를 세는 단위

노끈

노끈 한 타래

용기 단위 세기

가마니	삽
공기	상자
그릇	잔
대접	접시
병	종지
봉지	컵
사발	포대

가마니

곡식이나 소금 따위를 가마니에 담아 그 분량을 세는 단위

쌀

쌀 한 가마니

가마니

곡식이나 소금 따위를 가마니에 담아 그 분량을 세는 단위

소금

소금 두 가마니

공기

밥 따위를 그릇에 담아
그 분량을 세는 단위

밥

밥 두 공기

공기

밥 따위를 그릇에 담아
그 분량을 세는 단위

보리쌀

보리쌀 한 공기

그릇

밥 따위를 그릇에 담아
그 분량을 세는 단위

밥

밥 한 그릇

그릇

밥 따위를 그릇에 담아
그 분량을 세는 단위

국

국 두 그릇

대접

국이나 물 따위를 대접에 담아
그 분량을 세는 단위

국

국 한 대접

대접

국이나 물 따위를 대접에 담아
그 분량을 세는 단위

물

물 두 대접

병

액체나 가루 따위를 병에 담아
그 분량을 세는 단위

물

물 한 병

병

액체나 가루 따위를 병에 담아
그 분량을 세는 단위

콜라

콜라 두 병

봉지

작은 물건이나 가루 따위를 봉지에 담아 그 분량을 세는 단위

과자

과자 두 봉지

봉지

작은 물건이나 가루 따위를 봉지에 담아 그 분량을 세는 단위

설탕

설탕 한 봉지

사발

국이나 밥을 사발에 담아
그 분량을 세는 단위

국

국 한 사발

사발

국이나 밥을 사발에 담아
그 분량을 세는 단위

밥

밥 두 사발

사발

국이나 밥을 사발에 담아
그 분량을 세는 단위

물

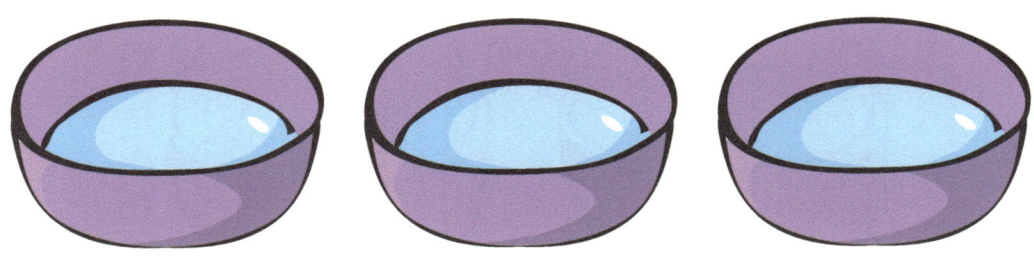

물 세 사발

삽

흙이나 모래 따위를 삽에 퍼 담아
그 분량을 세는 단위

모래

모래 한 삽

삽

흙이나 모래 따위를 삽에 퍼 담아
그 분량을 세는 단위

소금

소금 두 삽

상자

물건을 상자에 담아
그 분량을 세는 단위

선물

선물 두 상자

상자

물건을 상자에 담아
그 분량을 세는 단위

축구공

축구공 한 상자

상자

물건을 상자에 담아
그 분량을 세는 단위

사과

사과 한 상자

잔

음료나 술을 잔에 담아
그 분량을 세는 단위

커피

커피 두 잔

잔

음료나 술을 잔에 담아
그 분량을 세는 단위

맥주

맥주 한 잔

접시

음식이나 요리를 접시에 담아
그 분량을 세는 단위

회

회 두 접시

접시

음식이나 요리를 접시에 담아
그 분량을 세는 단위

떡

떡 한 접시

종지

간장이나 고추장 따위를 종지에 담아
그 분량을 세는 단위

간장

간장 한 종지

종지

간장이나 고추장 따위를 종지에 담아
그 분량을 세는 단위

고추장

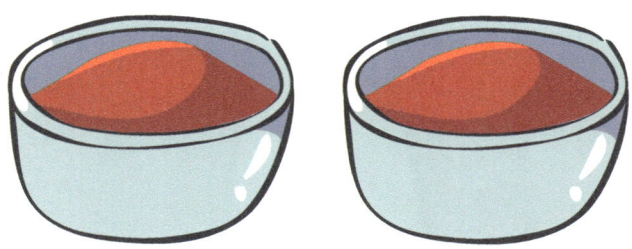

고추장 두 종지

컵

음료 따위를 컵에 담아
그 분량을 세는 단위

물

물 두 컵

컵

음료 따위를 컵에 담아
그 분량을 세는 단위

주스

주스 세 컵

포대

물건을 포대에 담아 그 분량을
세는 단위

좁쌀

좁쌀 두 포대

포대

물건을 포대에 담아 그 분량을 세는 단위

호박

호박 한 포대

목록

길이
- 밀리미터 mm
- 센티미터 cm
- 미터 m
- 킬로미터 km

치, 뼘, 자, 길

넓이
- 제곱센티미터 cm^2
- 제곱미터 m^2
- 제곱킬로미터 km^2

아르(a), 헥타르(ha)

부피/들이
- 세제곱센티미터 cm^3
- 세제곱미터 m^3
- 밀리리터 mL
- 데시리터 dL
- 리터 L

홉, 되, 말, 섬

무게
- 그램 g
- 킬로그램 kg
- 톤 t

마이크로그램(μg)
캐럿(ct)
근, 관, 돈,

시간
- 초 s
- 분 min
- 시 h
- 일 d

주, 월, 년, 세기

온도
- 섭씨온도 °C
- 화씨온도 °F
- 절대온도 k 켈빈

속도
- 초속거리 m/s
- 시속거리 km/h

노트(kt)

낱개 세기

가닥
갈래
개
개비
권
꼬치
도막
동
땀
량
모
부
송아리
송이
알
조각
척
톨
포기

묶어 세기

갑
꾸러미
다발
단
두름
묶음
쌈
접
종
죽
줄
질
축
켤레
쾌
타
톳

이음동의어 세기

그루
주
마리
미
발자국
발짝
숟가락
술
매
장
쪽
페이지

아주 쉬운 단위놀이 한마당.4 [세는말.2]

1판 발행일 : 2023년 11월 20일

지은이 : 한버공
펴낸 곳 : 청송문화사
　　　　　서울시 중구 수표로 2길 13
홈페이지 : www.kidzone.kr
E-mail : kidlkh@naver.com
전화 : 02-2279-5865
팩스 : 02-2279-5864
등록번호 : 2-2086 / 등록날짜 : 1995년 12월 14일

가격 : 16000원
잘못 인쇄된 책은 서점이나 본사에서 바꿔 드립니다.